¿Quién fue Harriet Beecher Stowe?

¿Quién fue
Harriet Beecher Stowe?

Dana Meachen Rau

Ilustraciones de Gregory Copeland

loqueleo

*Para mis escritores del martes por la mañana
y sus poderosas palabras.*

D.M.R.

A mi madre, Carole.

G.C.

loqueleo

Título original: *Who Was Harriet Beecher Stowe?*
© Del texto: 2015, Dana Meachen Rau
© De las ilustraciones: 2015, Penguin Group (USA) LLC
Todos los derechos reservados.

Publicado en español con la autorización de Grosset & Dunlap,
una división de Penguin Group.

© De esta edición:
2015, Santillana USA Publishing Company, Inc.
2023 NW 84th Avenue
Miami, FL 33122, USA
www.santillanausa.com

Dirección editorial: Isabel C. Mendoza
Coordinación de montaje: Claudia Baca
Servicios editoriales por Cambridge BrickHouse, Inc.
www.cambridgebh.com

Loqueleo es un sello de **Santillana**. Estas son sus sedes:
ARGENTINA, BOLIVIA, BRASIL, CHILE, COLOMBIA, COSTA RICA, ECUADOR, EL SALVADOR,
ESPAÑA, ESTADOS UNIDOS, GUATEMALA, MÉXICO, PANAMÁ, PARAGUAY, PERÚ, PORTUGAL,
PUERTO RICO, REPÚBLICA DOMINICANA, URUGUAY Y VENEZUELA.

¿Quién fue Harriet Beecher Stowe?
ISBN: 978-1-631-13421-0

Published in the United States of America
Printed by Thomson-Shore, Inc.

20 19 18 17 16 15   1 2 3 4 5 6 7 8 9 10

Índice

¿Quién fue Harriet Beecher Stowe?

Durante el siglo XIX, la economía del Sur de Estados Unidos creció con la producción del algodón. Muchos estadounidenses blancos dueños de plantaciones se hicieron ricos cultivándolo. Utilizaban a esclavos afroamericanos para cosechar el algodón. A los esclavos no se les trataba como personas.

Eran una propiedad que se compraba y se vendía, igual que el ganado y las herramientas de las granjas.

En 1850, el Congreso de EE. UU. aprobó la Ley del Esclavo Fugitivo. Esta afirmaba que cualquier persona que diera comida, casa o ayuda de cualquier tipo a un esclavo que se hubiera escapado, tenía que pagar $1,000 dólares de multa y pasar seis meses en la cárcel. El pueblo de Estados Unidos había estado dividido por la cuestión de la esclavitud. Esta nueva ley significaba que ni siquiera las personas que estaban en contra de la esclavitud podían ofrecer su ayuda a los esclavos. Si ayudaban de alguna manera a los esclavos fugitivos, estarían desobedeciendo la ley. A los esclavos que lograban escaparse al Norte no se les podía proteger.

Cuando aprobaron esta ley, Harriet Beecher Stowe ya era madre y escritora. Vivía en Brunswick, Maine. Ella y su familia estaban, desde hacía

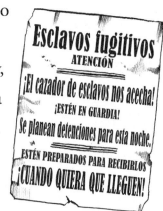

Esclavos fugitivos
ATENCIÓN
¡El cazador de esclavos nos acecha!
¡ESTÉN EN GUARDIA!
Se planean detenciones para esta noche.
ESTÉN PREPARADOS PARA RECIBIRLOS
¡CUANDO QUIERA QUE LLEGUEN!

tiempo, en contra de la esclavitud. Pero lo que más la horrorizaban eran las historias que escuchaba sobre los propietarios que recuperaban a la fuerza a los esclavos que se habían escapado para ser libres. Ningún hombre, mujer o niño estaba a salvo.

La cuñada de Harriet le escribió diciéndole: "Hattie, si yo pudiera usar una pluma como tú lo

haces, escribiría algo para hacerle sentir a este país lo malvada que es la esclavitud". Luego de leer la carta, Harriet se levantó de la silla, estrujó el papel entre sus manos y declaró: "Voy a escribir algo. Lo haré mientras viva".

El libro que Harriet Beecher Stowe escribió llegó a convertirse en uno de los más famosos en la historia de Estados Unidos: *La cabaña del tío Tom*.

Al comienzo, le preocupaba que nadie prestara atención a lo que ella quería expresar. Pero sí le prestaron atención. *La cabaña del tío Tom* no solo tuvo un éxito inmediato, sino que cambió el curso de la historia. El libro de Harriet denunciaba los horrores de la esclavitud. Y encendió las tensiones que llevarían a la Guerra Civil.

Sus palabras fueron una inspiración para el cambio. Su novela ayudó a darle fin a la esclavitud en Estados Unidos.

Capítulo 1
Una casa repleta

Harriet Beecher nació el 14 de junio de 1811, en Litchfield, Connecticut, un pueblito de Nueva Inglaterra. Su padre, el reverendo Lyman Beecher, quería tener un niño a quien llamaría Henry. Pero su esposa, Roxana, dio a luz a una niña. Decidieron llamarla Harriet, y para abreviarlo le decían Hattie.

La casa ya estaba repleta de niños. Harriet tenía cinco hermanos mayores. Después de Harriet, los Becher tuvieron dos varones más. Harriet siempre estuvo rodeada de su familia. Su abuela y su tía vivían a unos pasos por un sendero que había en el jardín de su casa. Como su padre era pastor de una congregación, la casa de los Beecher, al final de la calle North, siempre estaba llena de visitantes.

La familia sufrió una gran pérdida cuando Harriet apenas tenía cinco años. Su madre murió

de tuberculosis en septiembre de 1816. Mucho tiempo después, Harriet escribió: "Recuerdo los vestidos de luto, las lágrimas de los niños mayores, la procesión al cementerio y a alguien hablando en su tumba… nosotros los más pequeños, que estábamos tan confundidos, nos preguntábamos: ¿Adónde se habrá ido? ¿Volverá algún día?

Lyman pensó que era mejor alejar a Harriet de la tristeza de la casa. Hattie se fue a vivir con su otra abuela, una tía y un tío en Nut Plains, Connecticut.

La noche que Hattie llegó, la casa le pareció desde afuera "una blanca y solitaria casita de campo". Pero sus preocupaciones desaparecieron cuando entró al salón donde el crujir de una acogedora chimenea le dio la bienvenida.

Allí, la tía Harriet le dedicó toda su atención a
la pequeña Hattie. Le enseñó a tejer y a coser. Le
enseñó buenos modales y a rezar. Hattie pasaba el

tiempo memorizando himnos, poemas y citas de la Biblia. Le intrigaban los tesoros que había por toda la casa, traídos por su tío Samuel Foote, que era un capitán de marina. La casa estaba llena de artículos exóticos, como telas de la India, campanas de la China e incienso de España. Hattie se quedó en Nut Plains como un año y luego regresó con su familia en Litchfield.

La familia no quedó sin madre por mucho tiempo. En Boston, Lyman conoció a otra Harriet, Miss Harriet Porter. Se casaron en el otoño de 1817. Hattie recordó la noche en que su nueva madre llegó a Litchfield. Hattie estaba en el dormitorio que compartía con sus hermanitos menores cuando la vio por primera vez. Después escribió: "Una dama muy bella, muy blanca, con radiantes ojos azules y de cabello castaño… llegó al cuarto sonriendo, ansiosa y luciendo contenta… y nos dijo que le encantaban los niños y que iba a ser

nuestra madre". Lyman y Harriet Porter tuvieron dos niños más mientras vivieron en Litchfield.

Hattie se crió en un hogar muy religioso. Su padre era un predicador famoso, imponente y lleno de energía. Creía que la gente nacía pecadora y que tenía que rezarle a Dios para salvarse y llegar al cielo después de morir. Lyman estaba dispuesto a salvar almas, tanto en su congregación

como en otros lugares. Por toda Nueva Inglaterra lo buscaban para liderar eventos de renacimiento religioso. Era estricto con sus hijos y les exigía obediencia. No creía en los rituales de otras iglesias cristianas, como celebrar la Pascua o la Navidad.

Aunque Lyman estaba siempre ocupado desempeñándose como líder espiritual de su comunidad, siempre encontraba tiempo para jugar con sus niños. La familia Beecher era feliz y se apoyaban unos a otros.

Hattie después escribió que ella había sido criada por "una magnífica familia, inspirada por el espíritu de la alegría y la risa". Todos en la familia cortaban leña juntos y sacudían las castañas para que cayeran de los árboles. Se reunían en la cocina para pelar manzanas y hacer mantequilla de manzana en el otoño.

Mientras trabajaban, su padre les hacía preguntas y organizaba debates. Los entretenía con bromas y tocando el violín. Eran tiempos en los que a las niñas no les permitían tantas oportunidades como a los niños. Sin embargo, en la casa de los Beecher, repleta de niños y niñas, se trataban todos con igualdad.

Cuando Hattie tenía tiempo de estar sola, se encerraba con un libro. El despacho de su padre era uno de sus lugares favoritos. "Alejado de todo el bullicio de la casa", escribió, "para mí este cuarto tenía el aire de un refugio y un santuario". Sus paredes estaban cubiertas, desde el piso al techo, con las amistosas y silenciosas caras de los libros". Ella se sentaba en una esquina de este cuarto para leer mientras su padre escribía en su escritorio. Un día, en busca de algo para leer, esculcó dentro de un barril donde su padre guardaba sus sermones. Debajo de papeles viejos, encontró un ejemplar de *Las mil y una noches*, una colección de cuentos populares de Asia y del Medio Oriente, un libro que llegó a atesorar y a leer una y otra vez.

Lyman prefería que Hattie solo leyera libros religiosos. Decía que las novelas eran "basura" y que eran cosas del mal. Pero el tío Samuel había viajado por todo el mundo y había visto muchas culturas. A él le gustaba leer historias y convenció a Lyman de que cambiara de parecer. El padre de Hattie al fin aceptó. La poesía y la novela se volvieron parte de la familia Beecher, y Hattie leía todo lo que caía en sus manos.

LA FAMOSA FAMILIA BEECHER

LYMAN BEECHER (1775-1863) TUVO UNA FAMILIA GRANDE Y EXIGÍA A SUS HIJOS SER MIEMBROS ACTIVOS DE LA SOCIEDAD. VARIOS DE SUS HIJOS, INCLUIDOS HARRIET, CATHARINE, CHARLES Y EDWARD, FUERON ESCRITORES PUBLICADOS. LOS SIETE VARONES SE HICIERON PASTORES.

LYMAN BEECHER

CATHARINE BEECHER (1800-1878) FUE UNA EDUCADORA Y ACTIVISTA QUE LUCHÓ POR LA EDUCACIÓN DE LA MUJER Y POR LA IMPORTANCIA DEL KINDERGARDEN PARA LOS NIÑOS.

CATHARINE BEECHER

HENRY WARD BEECHER (1813-1887) FUE UN FAMOSO PREDICADOR Y ORADOR CONOCIDO POR APOYAR LA ABOLICIÓN DE LA ESCLAVITUD.

HENRY WARD BEECHER

ISABELLA BEECHER HOOKER (1822-1907) DIO VOZ A LOS DERECHOS DE LA MUJER, EN ESPECIAL EL SUFRAGIO (DERECHO AL VOTO), Y PRESIONÓ AL CONGRESO PARA CAMBIAR LEYES INJUSTAS.

ISABELLA BEECHER HOOKER

Capítulo 2
Estudiante y maestra

A principios del siglo XIX, Litchfield, Connecticut, era un centro de cultura y educación. Allí vivieron muchos políticos, abogados y poetas. Litchfield también tenía dos escuelas famosas. Una era la Escuela de Derecho de Litchfield Judge Tapping Reeve, para muchachos de edad universitaria.

ACADEMIA DE MUJERES DE LITCHFIELD

La otra era la Academia Femenina de Litchfield de Miss Sarah Pierce. A esta escuela asistían desde niñas de ocho años hasta muchachas de veintitantos. La academia de Miss Pierce fue una de las primeras escuelas para señoritas del país. Las escuelas y academias no tenían dormitorios, así que los estudiantes alquilaban cuartos en las casas del pueblo. La familia Beecher hospedaba a varios estudiantes.

Cuando Harriet cumplió los ocho años, comenzó a asistir a la famosa Academia Femenina de Litchfield. Quedaba tan cerca de su casa que podía ir caminando. Se enseñaban las mismas materias que en las escuelas de varones, inclusive Latín, Geografía,

Matemáticas, Ciencias y Gramática. Uno de los maestros, el Sr. John Brace, influyó mucho en Harriet. Para Harriet, él fue "uno de los instructores más inspiradores e impresionantes que conocí". Ella escribió muchos ensayos para él.

Al final del año escolar de 1824, el Sr. Brace seleccionó el ensayo de Harriet para que se leyera en la exhibición anual de la academia. Harriet solo tenía 13 años. Lyman Beecher quedó tan impresionado que después le preguntó al Sr. Brace quién lo había escrito. ¡Quedó encantado al saber que había sido su hija! Harriet estaba igual de contenta. "Fue el momento de mayor orgullo de mi vida",

escribió después. "No había manera de equivocarse al ver la cara de mi padre cuando estaba complacido, y haber despertado su interés superaba todos mis triunfos juveniles".

En el siglo XIX, el papel de la mujer comenzaba a cambiar lentamente. En vez de depender de sus maridos y los hombres de la familia para tomar decisiones por ellas, las mujeres buscaban la manera de ser más independientes. Se abrieron escuelas especiales, llamadas seminarios, para preparar a las mujeres para la vida profesional como maestras o como madres. Las mujeres presionaban al gobierno por el derecho a tener propiedades. Se reunían para hablar del sufragio, o derecho al voto. Harriet se crió con una familia que apoyaba la educación de las mujeres y que pedía la opinión de ellas sobre los problemas de ese tiempo.

Catharine, la hermana mayor de Harriet, había comenzado a estudiar en Hartford, Connecticut. El Seminario Femenino de Hartford Catharine Beecher se inauguró en la primavera de 1823 con tan solo siete estudiantes. Después del exitoso primer año de la escuela, Catharine quiso que Harriet estudiara allí.

Las muchachas de los seminarios comenzaban a la edad de quince años y asistían a clases de uno a tres años. Harriet, sin embargo, solo tenía trece años

cuando se aventuró a viajar treinta millas en diligencia hasta Hartford. La escuela estaba en un segundo piso, sobre la tienda de guarniciones White Horse. Las estudiantes se hospedaban en casas de familias vecinas.

LA IGLESIA CONGREGACIONAL

EL CONGREGACIONALISMO EMPEZÓ EN NUEVA INGLATERRA CON LA LLEGADA DE LOS COLONOS INGLESES EN EL SIGLO XVII.

ESTOS NUEVOS COLONIZADORES, LLAMADOS PURITANOS, QUERÍAN SEPARARSE DE LAS TRADICIONES DE LA IGLESIA DE INGLATERRA. SE ASENTARON EN LO QUE ES HOY EN DÍA MASSACHUSETTS, ALGUNOS EN PLYMOUTH EN 1620 Y OTROS EN SALEM EN 1629. CON EL TIEMPO SE LES CONOCIÓ COMO CONGREGACIONALISTAS, PORQUE CREÍAN QUE LAS IGLESIAS PARTICULARES, Y NO UN CONCILIO GRANDE DE IGLESIAS, DEBÍAN TOMAR LAS DECISIONES. HASTA COMIENZOS DEL SIGLO XIX, EL CONGREGACIONALISMO FUE UNA DE LAS

FORMAS MÁS COMUNES DEL CRISTIANISMO EN NUEVA INGLATERRA.

A FINALES DEL SIGLO XVIII Y COMIENZOS DEL SIGLO XIX, LOS RENACIMIENTOS RELIGIOSOS SE VOLVIERON COMUNES EN ESTADOS UNIDOS. SE TRATABA DE ENORMES ASAMBLEAS QUE SE REALIZABAN AL AIRE LIBRE PARA ATRAER A MUCHA GENTE. LOS PREDICADORES ERAN HOMBRES MUY APASIONADOS POR LA IMPORTANCIA DE ACEPTAR A DIOS COMO CAMINO AL CIELO. LOS RENACIMIENTOS ERAN TAMBIÉN UN MODO DE ENSEÑAR LA RELIGIÓN A LOS COLONOS QUE VIVÍAN EN LOS NUEVOS TERRITORIOS DEL OESTE.

La familia Bull le dio hospedaje a Harriet y, por intercambio, la hija de ellos se hospedaba con los Beecher en Litchfield, para asistir a la academia de Miss Pierce. Después de haber crecido en una casa repleta de gente, Harriet quedó muy satisfecha de que "se me designara una pequeña recámara para mi uso propio".

A Harriet le fue tan bien en los estudios que Catharine le pidió que dictara una clase. Además de su papel como estudiante *y* maestra, Harriet dedicaba tiempo a escribir poesía y obras teatrales, al dibujo y la pintura. Compartía sus ideas religiosas y trataba de convertir a su religión a las otras muchachas de la escuela. También recibió tutoría de francés e italiano.

La escuela creció tanto que ya no cabía en el segundo piso de la tienda de guarniciones. Para 1827 contaba ya con su propio edificio en la calle Pratt, en el centro de la ciudad. Catharine compartía muchas de las obligaciones de la escuela con Harriet. A los diecisiete años, Harriet se había

convertido en un miembro permanente de la facultad. Enseñaba oratoria (a hablar formalmente) y también su materia favorita: escritura.

Al padre de Harriet le ofrecieron el puesto de presidente del Seminario Teológico Lane de Cincinnati, Ohio. La idea de trasladarse hacia el oeste les agradaba a ambas hermanas. Catharine planeaba fundar una escuela en Cincinnati, y quería que Harriet la ayudara a administrarla.

Cuando terminó el período académico en la primavera de 1832, Harriet y Catharine se reunieron con el resto de la familia durante la mudanza a Cincinnati. Para entonces Harriet tenía veintisiete años y por primera vez salía de Nueva Inglaterra para viajar al oeste.

Capítulo 3
Cómo se hizo escritora

Los Beecher hicieron un largo viaje en diligencia de Boston a Nueva York y de ahí a Filadelfia, y luego, a través de los montes Apalaches, a la ciudad de Wheeling, al este de Virginia, hasta que llegaron a su nueva casa en Ohio. En la década de 1830, la ciudad de Cincinnati era un importante puerto

sobre río Ohio, y tenía muchas fábricas de algodón y papel.

Catharine y Harriet fundaron el Instituto Femenino del Oeste en mayo de 1833. Harriet pasaba los días dando clases en la escuela, ayudando en su iglesia y escribiendo cuando tenía tiempo. Pronto se convirtió en autora publicada. Ella y Catharine escribieron *Geografía elemental para niños*. El libro fue un éxito inmediato. Apenas tres meses después

de su primera impresión, el libro ya iba por su cuarta edición.

El éxito de las hermanas Beecher resultó en que las invitaran a formar parte del Semi-Colon Club (Club del punto y coma). El tío Samuel Foote era el anfitrión de este grupo, que se reunía en el salón de su espaciosa casa. El club estaba compuesto por

hombres y mujeres inteligentes de la comunidad de Cincinnati, quienes se reunían para hablar de sus proyectos literarios. Muchos de sus miembros se convirtieron en científicos, abogados, generales, poetas e historiados famosos. Samuel P. Chase llegó a ser Juez de la Corte Suprema de Estados

Unidos. Sarah Worthington Peter fundó la Escuela de Diseño para Mujeres de Filadelfia. Ormsby M. Mitchel llegó a ser un astrónomo famoso y se hizo mayor general en la Guerra Civil.

En noviembre de 1833, Harriet presentó en una reunión de Semi-Colon "Uncle Lot", un cuento ambientado en Nueva Inglaterra. El juez James Hall, miembro del club, era el editor de *Western Monthly Magazine*. Le insistió a Harriet que lo enviara al concurso literario de su revista.

CALVIN E. STOWE

Harriet ganó sin dificultades. Recibió un premio de cincuenta dólares y su texto fue publicado en la edición de abril de 1834 de la revista.

En el club Semi-Colon, Harriet conoció un compañero miembro de Nueva Inglaterra, Calvin E. Stowe., que era profesor en el Seminario Lane, donde Lyman Beecher era presidente.

Calvin era experto en lenguas y en la historia de la Biblia. Después de que su esposa Eliza muriera del cólera, Harriet y Calvin se conocieron más a fondo. Al poco tiempo, Calvin le propuso matrimonio a Harriet. Calvin era nueve años mayor y más grande y robusto en comparación con la pequeña figura de

LA CASA DE LOS STOWE EN CINCINNATI

menos de cinco pies de estatura de Harriet. Familiares y amigos los acompañaron en la ceremonia el 6 de enero de 1836. Harriet describió su vida en Walnut Hills como "tranquila, silenciosa y feliz".

Unos meses después de la boda, el Seminario Lane envió a Calvin a Europa a comprar libros. Harriet estaba embarazada, así que se mudó con su familia mientras su esposo viajaba. Harriet se dedicó a escribir. Escribió cuentos y artículos para el *Cincinnati Journal*, donde su hermano Henry trabajaba como editor. Escribió para  periódicos y revistas, tales como *Western Monthly Magazine*, *Godey's Lady Books* y *New York Evangelist*. Pero pronto, Harriet tendría otras ocupaciones. Sus hijas gemelas nacieron en septiembre de 1836.

Las llamó Eliza (en honor a la primera esposa de Calvin) e Isabella.

Calvin llegó a casa con ocho cajones de libros que había comprado en Londres, París y Alemania. Tenía otras ideas para el nombre de las niñas. Quería que las gemelas se llamaran como sus dos amadas esposas. Entonces, las llamaron Eliza Tyler y Harriet Beecher.

Capítulo 4
Tiempos turbulentos

La trata de esclavos de África era un comercio mundial. La esclavitud había llegado a Estados Unidos junto con los colonos. Después de que las

colonias se rebelaron contra Inglaterra para crear su propio país, la opinión sobre la esclavitud comenzó a cambiar. En el Norte no se utilizó más el trabajo esclavo y las leyes con el tiempo acabaron con la esclavitud en estos estados. En el Sur se pensaba que sin esclavos la industria del algodón nunca daría las mismas ganancias. Los esclavos eran cerca de un tercio de la población total del Sur.

A finales de la década de 1830, la esclavitud era un tema candente en Estados Unidos. El país estaba dividido en dos: los estados libres del Norte y los estados esclavistas del Sur. Cincinnati estaba en la frontera entre el estado libre de Ohio y el estado esclavista de Kentucky. Se desataron revueltas. La ciudad fue arrasada por incendios destructores y luchas sangrientas.

EL TREN CLANDESTINO

EL TREN CLANDESTINO FUE UN SISTEMA
SECRETO CREADO PARA AYUDAR A ESCAPAR A
LOS ESCLAVOS DEL SUR HACIA LA LIBERTAD
EN EL NORTE. NO ERA UN TREN DE VERDAD.

SE USABAN LOS TÉRMINOS DE LOS TRENES PARA DESCRIBIRLO. LOS ESCLAVOS FUGITIVOS VIAJABAN DE "ESTACIÓN" A "ESTACIÓN" EN DIRECCIÓN NORTE, CON LA AYUDA DE LOS "CONDUCTORES".

LAS *ESTACIONES* ERAN LAS CASAS SEGURAS DE AFROAMERICANOS LIBRES, LÍDERES RELIGIOSOS O ABOLICIONISTAS. LOS *CONDUCTORES* ERAN LAS PERSONAS QUE AYUDABAN A TRASLADAR A LOS ESCLAVOS A UN LUGAR SEGURO. EL TRAYECTO ERA PELIGROSO Y DIFÍCIL. LUEGO DE ESCAPAR DE LAS PLANTACIONES, LOS ESCLAVOS VIAJABAN A PIE, EN TREN, EN BARCO O EN CARRETA HACIA EL NORTE, A LOS ESTADOS LIBRES. ALGUNOS INCLUSO LLEGARON HASTA CANADÁ.

HARRIET TUBMAN FUE UNA DE LAS MÁS FAMOSAS CONDUCTORAS DEL TREN CLANDESTINO. ELLA SE ENCARGÓ DE LLEVAR A CIENTOS DE ESCLAVOS HACIA LA LIBERTAD.

HARRIET TUBMAN

Los afroamericanos libres del Norte, sin embargo, no eran tratados con igualdad. Y aunque la mayoría de los norteños querían que la esclavitud terminara, había muchos desacuerdos en cuanto a la manera en que eso iba a suceder. Por un lado estaban los abolicionistas. Ellos creían que la esclavitud debía terminar inmediatamente. Otros apoyaban la colonización. No creían que los afroamericanos libres fueran capaces de mezclarse con los norteamericanos blancos. Creían que la esclavitud debía terminar gradualmente y que los afroamericanos libres debían ser enviados a África.

Mientras que el tema de la esclavitud atrapaba a la nación, Harriet enfrentaba dificultades para hallar tiempo para escribir. Contrató empleadas para que se encargaran de las niñas y los quehaceres. En el Sur, los esclavos eran propiedad de sus amos. Pero los sirvientes o sirvientas (o empleados domésticos) eran trabajadores pagados. En el Norte, las empleadas blancas generalmente eran inmigrantes de otros países, como Alemania o Irlanda. A veces, los

sirvientes afroamericanos habían sido esclavos antes.

Harriet no podía distanciarse de los horrores y las injusticias de la esclavitud. Ella expresó un sentimiento común cuando escribió: "Nadie puede presenciar el sistema de la esclavitud sin sentir el deseo incontrolable de *hacer* algo; y ¿qué es lo que se debe hacer? Muchas personas creían que la esclavitud era algo indebido, pero parecía que no había solución. Era tan importante para la economía del Sur que parecía imposible deshacerse de ella.

Mientras tanto, la familia Stowe crecía. Harriet tuvo a su hijo Henry Ellis Stowe en 1838. Ahora con tres niños, tenía mucho trabajo como madre y con los quehaceres del hogar. Pero Harriet no gozaba de buena salud. A menudo se sentía mal y tenía que quedarse en cama. El parto de su siguiente hijo, Frederick en 1840, fue muy difícil.

Harriet tenía poco tiempo para escribir, pero se aferraba a sus esperanzas de convertirse en escritora. En 1842, los editores de Harper Brothers, en Boston, expresaron interés por publicar una

colección de sus cuentos sobre Nueva Inglaterra. Así que Harriet viajó al este a reunirse con ellos. Su colección de cuentos, *The Mayflower*, fue publicada el año siguiente.

Cuando Harriet regresó a Cincinnati, estaba enferma, débil y cansada. Su quinta hija, Georgiana, nació en agosto de 1843. Harriet había tenido tantos hijos en tan poco tiempo, y a Calvin eso le preocupaba. Su cuerpo y espíritu parecían estar decayendo.

Harriet dejó Cincinnati en marzo de 1846 para internarse en Brattleboro Water Cure, un centro de salud de Vermont. No regresó sino hasta mayo del año siguiente. Pasó ese tiempo relajándose y mejorándose. Harriet regresó a casa repuesta y feliz de nuevo. Nueve meses después, tuvo otro bebé muy saludable. Samuel Charles nació en 1848. Todos en la familia le decían Charley.

La felicidad no duró mucho. Una epidemia de cólera azotó Cincinnati durante el ardiente verano de 1849.

AVISO

PREVENCIÓN DEL

CÓLERA

PUBLICADO POR MANDATO DEL COMITÉ SANITARIO, CON LA APROBACIÓN DEL CONSEJO MÉDICO

COMA Y BEBA CON MODERACIÓN
EVITE VERDURAS CRUDAS Y FRUTAS SIN MADURAR. ABSTÉNGASE DE BEBER AGUA FRÍA CUANDO TENGA CALOR Y, SOBRE TODO, BEBIDAS ALCOHÓLICAS. SI A FUERZA DE HÁBITO LE SON INDISPENSABLES, TOME MUCHO MENOS DE LO ACOSTUMBRADO.

Hubo tantos funerales que no daban abasto los coches fúnebres de la ciudad para cargar los ataúdes a los cementerios. Los tenían que transportar en carretas descubiertas, diseñadas para muebles y otras cargas pesadas. Los oficiales de la ciudad no

sabían que el cólera se transmitía a través del agua contaminada. Si los residentes hubieran hervido el agua antes de usarla para tomar, lavar, bañarse y preparar comida, muchas vidas se habrían salvado. Al final del verano, más de ocho mil personas habían muerto a causa del cólera en Cincinnati.

La familia de Harriet no se salvó de la epidemia del cólera. A comienzos de julio, el bebé Charley se enfermó. En menos de dos semanas se murió. Harriet estaba devastada. Calvin estaba de viaje en Vermont. Ella le escribió: "Mi Charley, mi bello, mi querido y siempre alegre, mi queridísimo, tan dulce, tan lleno de vida, de esperanza y fuerza, ahora yace amortajado, pálido y frío, en el cuarto de abajo".

Cuando a Calvin le ofrecieron un puesto como profesor en Bowdoin College en Brunswick, Maine, Harriet estuvo dispuesta a trasladarse. Estaba ansiosa por regresar a Nueva Inglaterra y dejar atrás la tristeza de Cincinnati. Calvin tenía que terminar su período en el Seminario Lane, pero Harriet decidió no esperar. Era julio de 1850, estaba esperando otro bebé y no quería pasar otro verano en la ciudad. Brunswick representaba un nuevo comienzo.

Capítulo 5
La cabaña del tío Tom

Harriet se mudó a Brunswick con Hattie (de catorce años), Freddie (de diez) y Georgie (de siete). "Mi cabeza estaba mareada con todo el remolino de ferrocarriles y vapores", escribió. Los otros pasajeros los confundieron con inmigrantes pobres por sus ropas gastadas y andrajosas.

Después de limpiar, pintar y desempacar, finalmente se instalaron en su casa en Federal Street.

Calvin y los otros dos niños, Eliza (de catorce años) y Henry (de trece), llegaron justo a tiempo para darle la bienvenida a Charles Edward, otro "Charley", que había nacido el 8 de julio.

Harriet enfrentó su vida en Maine con nuevas energías. Abrió una escuela en su casa para niños del vecindario, y para los suyos. Para ahorrar dinero, ella misma hacía los quehaceres del hogar y preparaba la comida. También sacaba tiempo para escribir. Escribía artículos regularmente para *National Era*, un periódico semanal de Washington, D.C.

Después de que se aprobara la Ley del Esclavo Fugitivo, Harriet estaba impactada por las historias que escuchaba acerca de las familias de color que eran separadas a la fuerza cuando los sureños llegaban al Norte a reclamar sus esclavos escapados. Ella quería hacer algo al respecto.

Un domingo de febrero de 1851, mientras asistía a la iglesia First Parish, a Harriet se le ocurrió algo. Ese mismo día, Harriet corrió a su dormitorio y comenzó a escribir una escena sobre un esclavo que sufría. Cuando la leyó a su familia, lloraron.

Esta escena era solamente parte de una historia más larga que quería contar a través de una serie de episodios. Harriet le escribió al señor Bailey, el editor del *National Era*, sobre su idea. Pensó que la historia podía ser lo suficientemente extensa como para aparecer semanalmente en tres o cuatro ediciones del periódico.

El primer episodio se publicó en la edición del 5 de junio de 1851, con el título "La cabaña del tío Tom, o la vida de los humildes", de la Señora H. B. Stowe. Partes de la novela aparecieron todas las semanas hasta el 1.º de abril de 1852. ¡Lo que había comenzado como una sencilla idea para tres capítulos terminó siendo de cuarenta!

Harriet trabajó mucho para poder escribir *La cabaña del tío Tom*. Coleccionaba historias de esclavos. Incluso le escribió a Frederick Douglass (un antiguo esclavo e importante líder abolicionista) para aprender sobre la vida en una plantación de algodón.

Harriet tenía fechas de entrega todas las semanas. Decía que la historia parecía salir de ella, que sentía que Dios le guiaba la mano. Durante el invierno que pasó escribiendo *La cabaña del tío Tom*, decía que su corazón palpitaba con tristeza por la crueldad de la esclavitud. Le rezaba a Dios para que los demás escucharan su llamado de auxilio por los esclavos.

La cabaña del tío Tom cuenta dos historias. Ambas comienzan en la plantación de la familia Shelby en Kentucky. Los Shelby, que trataban bien a sus esclavos, necesitaban recaudar dinero. El Señor Shelby decide vender a Harry, un joven esclavo. La madre de Harry, Eliza, se entera del plan, y decide que deben escaparse. No quería que la separaran de

su hijo. La primera historia trata de esta familia de esclavos que huye hacia el Norte. Los abolicionistas ayudan a Eliza en el camino para que se reúna con su esposo y su madre, quienes también han escapado de sus amos. La historia tiene un final feliz.

La segunda historia de *La cabaña del tío Tom* trata del Tío Tom, el otro esclavo que el señor Shelby decide vender. A Tom lo separan de su familia y termina de esclavo en Nueva Orleáns. Su nuevo amo es también considerado con él. Tom cultiva una amistad especial con la hija de su amo, Little Eva St. Clare.

Tom y Eva se hacen buenos amigos. Cuando Eva se enferma y muere, su padre jura liberar a Tom. Lamentablemente, la madre de Eva le vende a Tom a Simon Legree, que era un amo cruel. Legree tortura a Tom y lo mata de una paliza. Cuando George Shelby, el hijo del amo original de Tom, llega a Nueva Orleáns a comprar a Tom para recuperarlo, ya es demasiado tarde.

Miles de personas de todo el país, tanto en el Norte como en el Sur, leyeron *La cabaña del tío Tom* en el *National Era*. Muchos se conmovieron y quedaron impactados por la crueldad del trato

que se les daba a los esclavos. Esperaban ansiosos
la siguiente entrega. La señora Jewett, la esposa
del editor John P. Jewett de Boston, le habló a su
esposo sobre la historia. Jewett le ofreció a Harriet
un contrato para publicar *La cabaña del tío Tom* en
forma de libro.

FREDERICK DOUGLASS (1818?-1895)

FREDERICK DOUGLASS NACIÓ ESCLAVO
EN MARYLAND. PRIMERO TRABAJÓ EN UNA
PLANTACIÓN, PERO DESPUÉS LO MANDARON A
LA CIUDAD DE BALTIMORE A TRABAJAR CON LOS
PARIENTES DE SU AMO. EN MARYLAND, FREDERICK
APRENDIÓ A LEER Y A ESCRIBIR, ALGO QUE LA
MAYORÍA DE LOS AMOS NO LES PERMITÍAN A SUS
ESCLAVOS.

FREDERICK HUYÓ EN 1838 Y LLEGÓ A MASSACHUSETTS. ALLÍ, VIVIENDO COMO UN FUGITIVO, ASISTIÓ A REUNIONES ABOLICIONISTAS. COMENZÓ A DAR CONFERENCIAS SOBRE SU VIDA. EN 1845, ESCRIBIÓ SU AUTOBIOGRAFÍA, *NARRATIVA DE LA VIDA DE FREDERICK DOUGLASS*. SUS AMISTADES REUNIERON EL DINERO PARA COMPRAR SU LIBERTAD, PARA QUE NO LO DEVOLVIERAN AL SUR COMO ESCLAVO. DOUGLASS FUNDÓ UN PERIÓDICO ABOLICIONISTA LLAMADO *THE NORTH STAR* (LA ESTRELLA DEL NORTE). TAMBIÉN ANIMÓ A LOS HOMBRES AFROAMERICANOS A QUE SE INSCRIBIERAN COMO SOLDADOS PARA LUCHAR CONTRA EL SUR EN LA GUERRA CIVIL. TRABAJÓ SIN DESCANSO PARA CONSTRUIR UN MEJOR FUTURO PARA LOS AFROAMERICANOS DE ESTADOS UNIDOS.

El libro se publicó el 20 de marzo de 1852, en dos volúmenes, casi al mismo tiempo en que los episodios dejaron de aparecer en el *National Era*. Se vendieron diez mil ejemplares en la primera semana y trecientos mil en el primer año. En tan solo los primeros tres meses, Harriet había ganado $10,000 dólares.

El 18 de septiembre de 1852, el periódico *New York Daily Times*, publicó un reportaje sobre el éxito de Harriet. Sus ingresos eran "la suma más cuantiosa jamás recibida por algún autor, en Estados Unidos o en Europa, por la venta de una sola obra en tan poco tiempo".

Capítulo 6
"Tom-manía"

Con la publicación de *La cabaña del tío Tom,* Harriet se había hecho famosa de repente. Era el centro de atención en todas las reuniones.

Las cartas de sus lectores se apilaban, esperando respuesta. Ahora que los Stowe tenían dinero, podían tener empleados, incluso una sirvienta, una cocinera y una institutriz para velar por el cuidado de los niños. Los Stowe no se quedaron en Brunswick por mucho tiempo. A Calvin le ofrecieron un trabajo en el Seminario Teológico de Andover, en Massachusetts. Harriet usó parte de sus ganancias para construir una casa nueva.

Los Stowe compraron un edificio en el que anteriormente había funcionado una carpintería en

la que hacían ataúdes. Luego de ser transformada en la nueva residencia de los Stowe, toda la familia la llamaba "Stone Cabin" (Cabaña de piedra).

Harriet estaba feliz por haberse mudado. En una carta a Calvin le escribió, "Me parece increíble que vayamos a tener una casa como esta en tan bello lugar."

Para septiembre se habían escrito canciones y poemas basados en *La cabaña del tío Tom*. Salieron rompecabezas, juguetes y un juego de cartas llamado "El tío Tom y la pequeña Eva". Los aficionados compraban lámparas, platos, papel tapiz y velas con el tema del Tío Tom.

Las compañías de teatro de Boston y Nueva York montaban obras teatrales basadas en el libro. *La cabaña del tío Tom* se estaba vendiendo fuera de Estados Unidos, también. Se publicó en Londres. Después aparecieron ediciones en muchos otros idiomas, como francés, ruso, italiano, sueco, portugués y alemán. Un periódico le llamó "Tom-manía" a la popularidad del libro.

SIMON LEGREE

No a todo el mundo le gustó *La cabaña del tío Tom*. En el sur de Estados Unidos, muchos estaban furiosos. Harriet había tenido la intención de que el libro fuera una muestra de paz para los sureños. Es más, los amos bondadosos de Tom eran del Sur. Simon Legree, el más cruel y malo de los propietarios de esclavos, era originalmente un norteño. Little Eva, una sureña, consideraba a Tom como su igual. Harriet quiso demostrar que no solo los sureños y los dueños de esclavos sino también los norteños, los inversionistas del algodón y hasta los clérigos eran parte del problema. Sentía que su libro expresaba que *todos* eran culpables por la institución de la esclavitud.

Aun así, Harriet fue tratada como enemiga. Recibía cartas en las que la llamaban malvada y la amenazaban con hacerle daño. Era peligroso tener el libro o exhibirlo en las librerías del Sur. Los niños de Richmond, Virginia, cantaban una canción:

¡Fuera, fuera, fuera,
Vieja Harriet Beecher Stowe!
No te queremos aquí en Virginia.
¡Fuera, fuera, fuera!

Harriet quería demostrarle al Sur que lo que ella escribió era verdad. Así que reunió todo el material de investigación que había usado para escribir

La cabaña del tío Tom, incluso los casos de los tribunales, historias de esclavos y sus experiencias personales. Su nuevo libro, *La llave de la cabaña del tío Tom*, salió en 1853.

"Está compuesto por los hechos, los documentos, las cosas que mis propios ojos vieron y mis manos han tocado, que atestiguan esta terrible condena de mi país", escribió.

Harriet después le dedicó su atención a sus seguidores en el exterior. La esclavitud se había abolido en Gran Bretaña y sus territorios en la década de 1830.

Muchos grupos contrarios a la esclavitud seguían corriendo la voz. Grupos en Glasgow, Escocia, invitaron a los Stowe para que visitaran Inglaterra, Irlanda y Escocia. La veían como una vocera del movimiento antiesclavista en Estados Unidos. Harriet nunca en su vida había viajado tan

lejos. Acompañada de Calvin y otros familiares, se embarcaron y zarparon de Boston en 1853. Fue un viaje duro de diez días hasta el puerto de Liverpool, en Inglaterra.

"Para mi asombro", escribió, "encontré una muchedumbre en el muelle". Al principio, Harriet

no estaba segura de qué hacían allí. Sus anfitriones
la acompañaron al coche que la esperaba, y entonces la gente comenzó a marcharse. Los hombres
se quitaban el sombrero y las mujeres se inclina-
ban, sonreían y saludaban. Estaban allí para ver a
la pequeña mujer que había escrito tan impactante

libro. Hasta cuando iba por las calles de Liverpool, la gente salía a verla pasar.

Las ventas del libro en Inglaterra superaban tres veces las de Estados Unidos. Los británicos aplaudían a Harriet por su contribución para darle fin a la esclavitud en Estados Unidos. Harriet viajó por toda Gran Bretaña, haciendo escalas para conocer el país y hacer actos de presencia en reuniones de grupos contrarios a la esclavitud.

En su honor se hicieron reuniones para tomar el té, cenas y otras fiestas. Donde quiera que iba, la gente clamaba por ella, parando para darle la mano o para darle flores. La trataban como a toda una celebridad. Su grito por la libertad había cruzado el Atlántico y se había extendido por Europa.

Capítulo 7
¡En guerra!

Cuando Harriet regresó a Estados Unidos en 1853, la esperanza para su país era grande. A raíz de la publicación de *La cabaña del tío Tom* muchas más personas comenzaron a cuestionar la esclavitud en Estados Unidos. "Con respecto al estado actual de la causa antiesclavista en Estados Unidos", escribió, "pienso, por muchas razones, que nunca antes ha sido tan prometedora".

Pero las tensiones entre el Norte y el Sur seguían aumentando. A medida que nuevos territorios como Kansas y Nebraska se convertían en estados, el Congreso debatía si debían ser esclavistas o libres. Decidieron que los estados debían decidir por sí mismos. Así que tanto antiesclavistas como proesclavistas se establecían en los nuevos estados,

esperando influenciar la votación. Los desacuerdos
entre los dos bandos se volvieron violentos.

El editor de Harriet quería que ella escribiera otro libro en contra de la esclavitud. Harriet estaba de acuerdo. Mientras escribía el libro, realizó un nuevo viaje a Inglaterra. Cuando el barco arribó en agosto de 1856, envió el manuscrito final por correo a Boston, con una nota a su editor: "¡Está terminado! Y se lo envío. Lo puede publicar cuando quiera".

Harriet aún estaba en Londres cuando se publicó *Dred: Una historia del gran triste pantano*. Este no recibió las magníficas críticas que había recibido *La cabaña del tío Tom*. Pero a Harriet le agradó cuando escuchó la noticia de que la reina Victoria había leído *Dred* y que le había gustado mucho más.

Harriet viajó por todo Europa durante casi un año. Regresó a casa en junio de 1857. Poco después de su llegada, recibió un telegrama con una noticia terrible. Su hijo Henry, estudiante de Dartmouth College en New Hampshire, se había ahogado mientras nadaba. La pena de Harriet fue inmensa. Pero ni siquiera esta tragedia debilitó su deseo de darle fin a la esclavitud. Se imaginó que su pérdida era similar a la que las madres esclavas sentían

cuando vendían a sus familiares y los separaban a la fuerza.

Harriet pasaba el tiempo escribiendo, usando las alegrías y las tristezas de su vida como inspiración para su obra. Mientras Harriet escribía, las tensiones en el país estallaron en guerra. Abraham Lincoln había sido elegido presidente en 1860.

ABRAHAM LINCOLN

Para entonces había cerca de cuatro millones de esclavos en el Sur. Los estados sureños decidieron separarse del resto del país. Querían seguir comprando y vendiendo esclavos. Se llamaban los Estados Confederados de Norteamérica. El presidente Lincoln quería mantener el país unido. Pero también quería acabar con la esclavitud.

La guerra entre la Unión (Norte) y la Confederación (Sur) comenzó oficialmente el 12 de abril de 1861, cuando los Confederados les dispararon a soldados de la Unión en el Fuerte Sumter, en Charleston, Carolina del Sur.

En Andover, Massachusetts, en el campus del seminario, los jóvenes marchaban y se entrenaban para ser soldados. Las mujeres cosían galones rojos en las camisas de franela azul de los uniformes. El propio hijo de Harriet, Fred, se alistó en el Ejército de la Unión. Cuando se marchaba

con destino al frente de batalla, Harriet lo despidió en la terminal de ferrocarril de Jersey City.

En 1862, el presidente Abraham Lincoln redactó la Proclama de Emancipación. Este documento oficial otorgaba la libertad a los esclavos que vivían en los estados del Sur. La ley no entraría en efecto sino hasta el 1.º de enero de 1863. Harriet quería estar segura de que esta noticia no era demasiado buena para ser verdad. Quería conocer al presidente en persona. Se dirigió a la capital. "Voy a Washington", escribió, "a ver a los cabezas de departamento en persona".

El 2 de diciembre de 1862, Harriet se reunió con el presidente Lincoln en un cuarto acogedor ante una chimenea en la Casa Blanca. Dijo que la había saludado con un brillo en los ojos y que dijo: "¡Así que tú eres la pequeña mujer que escribió el libro que empezó esta gran guerra!". Luego se sentaron y conversaron. Harriet pensó que sus esperanzas podrían realizarse. Podía confiar en que

Lincoln acabaría con la esclavitud.

El día de Año Nuevo de 1863, Harriet estaba en un concierto en el Boston Music Hall, cuando un hombre entró al escenario. Anunció que el presidente Lincoln había firmado la Proclama de Emancipación. La audiencia aplaudió y vitoreó. Harriet escuchó a la gente que cantaba: "¡Señora Stowe, Señora Stowe! Ella se puso de pie, con lágrimas en los ojos, y aceptó la muestra de agradecimiento.

Capítulo 8
Su casa en Hartford

La Guerra Civil se terminó cuando los Confederados se rindieron ante la Unión en abril de 1865. Los estados del Sur que antes se habían

separado, de nuevo formaban parte de Estados Unidos. Durante cuatro años, la guerra había arrasado el país en enfrentamientos tanto terrestres como marítimos. Casi 750,000 personas murieron en la Guerra Civil, más que en cualquier otra guerra en la historia del país. La esclavitud, sin embargo, había terminado, de una vez por todas.

Los sureños, tanto
dueños de esclavos como esclavos
libertos, tenían que comenzar a
reconstruir una nueva vida.

Hacia el final de la guerra, Calvin se jubiló del Seminario Teológico de Andover. La familia construyó una nueva casa en Hartford, donde Harriet había pasado sus años de adolescencia. Harriet comenzó a escribir sobre cuestiones domésticas. Su columna, "House and Hope Papers" en el *Atlantic Monthly* trataba temas como la cocina, la limpieza, las decoraciones y cómo construir un hogar acogedor. Harriet también escribió cuentos para *Our Young Folks*, una revista para niños.

Por muchos años, Harriet no había sido bienvenida en el Sur. Pero en 1868, los Stowe compraron una segunda casa en Florida, para alejarse de los inviernos helados de Nueva Inglaterra. Estaban rehaciendo una nueva vida también. El aire saludable de Mandarin, Florida, tenía un aroma de naranjas de los frutales cercanos. Harriet trabajó para fundar iglesias y escuelas para las familias afroamericanas de la comunidad.

Harriet tenía casi sesenta años y era aún una escritora famosa y de mucho éxito. Dividía su

tiempo entre Hartford y Mandarin. Su libro de cuentos de Nueva Inglaterra basado en la infancia de Calvin en Massachusetts, *Cuentos de la vieja ciudad*, se publicó en 1869. Continuó escribiendo artículos y novelas. Al poco tiempo, Harriet decidió quedarse en Hartford permanentemente. Los Stowe decidieron comprar una casa más pequeña en Forest Street.

Harriet recibía visitas de sus amistades, admiradores y reporteros en la sala de su casa; escribía cartas y gozaba de la compañía de sus hijas mayores que aún vivían en casa ya que no se habían casado. Harriet cuidaba su jardín, y encontró el tiempo para pintar. Ambos pasatiempos los había disfrutado durante toda su vida.

Los editores del *Atlantic Monthly* tenían la tradición de celebrar los setenta años de sus escritores más famosos. Planearon una gran fiesta para Harriet. Pero se les pasó un año. Lo celebraron en 1882, el verano en que ella cumplió setenta y uno.

Cerca de doscientos invitados llegaron a la fiesta al aire libre que se celebró en una casa de campo en las afueras de Boston. Se dieron discursos y se leyeron poemas en honor a Harriet. Harriet también dio un discurso. Quería que los invitados supieran lo que era más importante para ella: "Si alguno de ustedes tiene dudas, penas o dolor, si dudan de este mundo, solo recuerden lo que Dios ha hecho. Solo

recuerden que esta gran pena de la esclavitud ha desaparecido, se ha ido para siempre."

En 1886, el querido esposo de Harriet, Calvin, falleció. Harriet pasaba los días dando paseos por los alrededores y disfrutando de su hogar. Ya casi no escribía. Su mente no estaba tan lúcida. "Mi mente se distrae como un riachuelo", le explicó a una amiga. "Mi sol se ha puesto. El tiempo de trabajar para mí se ha terminado. Ya escribí todas mis palabras y pensé todos mis pensamientos".

A medida que Harriet se aproximaba al último capítulo de su propia vida, comenzó a pensar en cómo sería recordada. Así que se puso a revisar todos sus papeles y cartas. Le pidió a su hijo Charles que le escribiera una biografía, y entre los dos trabajaron hasta que la terminaron en 1889.

Harriet tenía 85 años cuando el 1.º de julio de 1896 murió tranquilamente en su cama. Unos días

después, la enterraron en Andover, Massachusetts, en un lote entre Calvin y su hijo Henry. El periódico *New York Times* se refirió a ella al dar la noticia como una mujer a quien consideraban "un genio".

Durante su vida, Harriet no solo escribió palabras en periódicos, revistas y libros, sino que también escribió sobre su deseo de terminar con la esclavitud en su país y en el mundo. Estaba muy agradecida por su triunfo en la vida. En una de sus últimas cartas a una amiga, escribió: "He sido bendecida de muchas maneras, he visto realizados muchos de los deseos de mi corazón".

La casa en la que vivió Harriet por última vez, en Hartford, Connecticut, es ahora el Centro Harriet Beecher Stowe. Los visitantes pueden recorrer los salones, los lugares de trabajo, los dormitorios, todos llenos con los tesoros de Harriet, sus pinturas y los objetos que se hicieron como homenaje al Tío Tom. El centro tiene como propósito inspirar a los visitantes a que ejerzan el activismo por la igualdad y la justicia social en sus propias comunidades.

LÍNEA CRONOLÓGICA DE LA VIDA
DE HARRIET BEECHER STOWE

1811 —Nace en Litchfield, Connecticut, el 14 de junio.

1832 —Se traslada con la familia Beecher a Cincinnati, Ohio, donde da clases en el Instituto Femenino del Oeste.

1833 —Se publica *Geografía elemental para niños*, del cual es coautora con su hermana Catharine Beecher. Ambas hermanas ingresan al Semi-Colon Club.

1836 —Se casa con Calvin Stowe el 6 de enero. En septiembre nacen sus hijas gemelas Eliza y Harriet.

1838 —Nace su hijo Henry.

1840 —Nace su hijo Frederick.

1843 —Se publica *The Mayflower*, una colección de cuentos de Harriet. Nace su hija Georgiana.

1848 —Nace su hijo Samuel Charles (Charley).

1849 —Charley muere a causa del cólera.

1850 —La familia se traslada a Brunswick, Maine. Nace su hijo Charles.

1851-
1852 —Se publica *La cabaña del tío Tom* por entregas en el *National Era*. Después se publica como libro en marzo de 1852.

1852 —Los Stowe se trasladan a Andover, Massachusetts.

1853 —Se publica *La llave de la cabaña del tío Tom*. Harriet realiza su primer viaje a Europa.

1856 —Se publica *Dred: Una historia del gran triste pantano*.

1857 —Se ahoga su hijo Henry.

1864 —Se traslada a Hartford, Connecticut.

1864 —Muere en Hartford y es sepultada en Andover, Massachusetts.

LÍNEA CRONOLÓGICA DEL MUNDO

Eli Whitney inventa la desmotadora de algodón, — **1793**
lo que resulta en el crecimiento de la economía en el Sur.

Se desata la Guerra de 1812 entre Gran Bretaña — **1812**
y EE. UU., por razones comerciales.

El primer barco de vapor, *The Savannah*, cruza — **1819**
el océano Atlántico.

Se termina la construcción del Canal Erie, — **1825**
que conecta los Grandes Lagos y el océano Atlántico.

El artista francés Louis Daguerre inventa el daguerrotipo, — **1839**
el primer tipo de fotografía.

Frederick Douglass, famoso abolicionista y esclavo liberto, — **1845**
publica su autobiografía *Narrativa de la vida
de Frederick Douglass.*

Se usan por primera vez los sellos postales en EE. UU. — **1847**

La Primera Convención de los Derechos de la Mujer — **1848**
se realiza en Seneca Falls, Nueva York.

El naturalista británico Charles Darwin publica sus ideas — **1859**
sobre la evolución en su libro *El origen de las especies.*

Norte y Sur luchan en la Guerra Civil de EE. UU. — **1861-
1865**

El primer ferrocarril transcontinental se termina de construir — **1869**
en EE. UU., conectando el país de este a oeste.

Alexander Graham Bell inventa el teléfono. — **1876**

Thomas Edison inventa la bombilla eléctrica. — **1879**

La Torre Eiffel se construye para la Feria Universal de París. — **1889**

Se aprueba la 19ª. Enmienda en EE. UU., que otorga — **1920**
a las mujeres el derecho al voto.

Colección ¿Qué fue...? / ¿Qué es...?

El Álamo	La isla Ellis
La batalla de Gettysburg	La Marcha de Washington
El Día D	El Motín del Té
La Estatua de la Libertad	Pearl Harbor
La expedición de Lewis	Pompeya
y Clark	El Primer Día de Acción
La Fiebre del Oro	de Gracias
La Gran Depresión	El Tren Clandestino

Colección ¿Quién fue...? / ¿Quién es...?

Albert Einstein	La Madre Teresa
Alexander Graham Bell	Malala Yousafzai
Amelia Earhart	María Antonieta
Ana Frank	Marie Curie
Benjamín Franklin	Mark Twain
Betsy Ross	Nelson Mandela
Fernando de Magallanes	Paul Revere
Franklin Roosevelt	El rey Tut
Harriet Beecher Stowe	Robert E. Lee
Harriet Tubman	Roberto Clemente
Harry Houdini	Rosa Parks
Los hermanos Wright	Tomás Jefferson
Louis Armstrong	Woodrow Wilson